GUIDE

du

CRÉANCIER-GAGISTE

PAR

Jules BOURGEOIS

BANQUIER

De la maison BOURGEOIS FRÈRES et Cⁱᵉ

PARIS

GUILLAUMIN ET Cⁱᵉ, ÉDITEURS

De la Collection des principaux Économistes, du Journal des Économistes,
du Dictionnaire de l'Économie politique,
du Dictionnaire universel du Commerce et de la Navigation, etc.

RUE RICHELIEU, 14

1878

GUIDE

DU

CRÉANCIER-GAGISTE

Librairie **GUILLAUMIN** et Cie.

OUVRAGES DU MÊME AUTEUR :

Guide théorique et pratique des sociétés commerciales actuelles, par Jules et Justinien Bourgeois, grand in-8 de 400 pages, avec annexe commentaire de la Loi du 24 Juillet 1867. Prix.................................... 7 fr.

Les sociétés coopératives et le crédit, par Jules Bourgeois. Prix.. 1 fr.

4536-78. — CORBEIL. Typ. et stér. de CRÉTÉ.

GUIDE

DU

CRÉANCIER-GAGISTE

PAR

Jules BOURGEOIS

BANQUIER

De la maison BOURGEOIS FRÈRES et Cie

PARIS

GUILLAUMIN ET Cie, ÉDITEURS

De la Collection des principaux Économistes, du Journal des Économistes,
du Dictionnaire de l'Économie politique,
du Dictionnaire universel du Commerce et de la Navigation, etc.

RUE RICHELIEU, 14

—

1878

PRÉFACE

En publiant cet ouvrage, nous ne faisons qu'acquitter une dette, que remplir une promesse, datant déjà de plusieurs années.

En effet, lorsqu'en 1864 nous avons écrit, en collaboration avec notre frère, le livre intitulé : *Guide théorique et pratique des sociétés commerciales*, nous avions pris ensemble l'engagement de faire celui que nous livrons aujourd'hui à la publicité.

Nous aurions voulu apporter moins de retard à cette publication, mais la perte de notre collaborateur, en faisant retomber sur nous seul la direction de nos affaires, nous laissait peu de loisir pour écrire.

Pourtant nous avons pu coordonner nos idées et nos recherches pour en faire le recueil promis, afin que notre promesse ne restât pas vaine.

Nous avons tenu, resté seul à l'œuvre, à payer la dette commune.

Certainement, le travail ne vaudra pas ce qu'il eût valu si notre frère y eût apporté le puissant concours de son savoir; mais nous ferons ce que nous pourrons pour ne pas rester trop au-dessous de notre tâche, de manière à ce que la dette soit acquittée en monnaie que nos lecteurs puissent accepter comme libérative.

Obligé de faire vite, nous serons forcé de nous borner à traiter les points principaux de notre sujet.

Le but que nous poursuivons, c'est d'éclairer la marche du créancier gagiste que sa situation privilégiée expose très-fréquemment aux contestations de ses cocréanciers; c'est de lui signaler d'avance les dangers et les écueils pour qu'il puisse les éviter, car s'il est juste de protéger le débiteur, il nous semble qu'il ne l'est pas moins de protéger le créancier.

Et si cette protection est juste au point de vue de l'équité, elle est aussi rationnelle et nécessaire au point de vue économique, car le créancier ne fait crédit que quand les lois lui assurent sécurité et facilité pour le recouvrement de ses avances.

Quand les lois ne les lui assurent pas, il

refuse crédit, et c'est alors le débiteur qui en souffre.

Ce qui revient à dire qu'une législation pratique et éclairée protége et couvre le créancier contre le débiteur : cette protection ayant pour résultat forcé d'augmenter le nombre des créditeurs au seul bénéfice du débiteur qui trouve, dans la concurrence des offres de crédit qui lui sont faites, la certitude de faire face, à toute époque, à ses engagements, à des conditions que cette concurrence rend tout naturellement plus avantageuses pour lui.

Par conséquent, toutes les lois faites dans l'intention assurément louable et très-philanthropique de protéger le débiteur en imposant au créancier des formes de procédure lentes, difficiles et coûteuses pour recouvrer ses créances, vont contre le but utile de favoriser le débiteur ; elles retardent sa chute, le moment de son exécution, en l'accablant de discrédit et de frais qui le ruinent et le font passer de l'état de besoigneux à celui d'insolvable, mais elles sont impuissantes à le sauver. Ce qui peut seul le sauver, c'est de lui assurer un marché des capitaux où la concurrence des prêteurs lui donnera à tout moment les ressources nécessaires pour remplir ses engagements exactement à leur échéance, avant toute poursuite.

Le choix n'est pas long à faire entre un système qui prolonge l'agonie d'un malade qui va inévitablement succomber sans guérison possible, et un système qui prévient sa maladie.

Il est certain que si les prêteurs ne sont pas bien armés et bien protégés, ils s'abstiendront ; ils opéreront dans d'autres pays dont la législation les satisfait, ou, dans leur pays, sur des valeurs et dans des affaires dont les lois ont rendu la réalisation facile et courante, et ils laisseront languir le crédit personnel, le crédit hypothécaire, le crédit gagé au grand détriment des petites entreprises industrielles et commerciales qui forment la majorité des intérêts privés.

Ces observations, quoique d'ordre purement économique, ne nous paraissent pas déplacées au début de ce petit ouvrage de droit spécial; elles nous aideront à mieux montrer ce qui serait désirable à côté de ce qui est; sur quels points la loi s'est mise d'accord avec les principes de l'économie politique et sur quels points elle s'est mise en contradiction avec eux.

Enfin, ces observations auront aussi pour résultat d'établir qu'en écrivant dans l'intérêt d'une classe de créanciers, nous avons la conviction de le faire aussi dans l'intérêt des débiteurs, qui, dans la société, représentent un nombre considérable de citoyens, et, par suite, l'intérêt public proprement dit.

Nous n'avons ni le temps ni la volonté de produire un traité complet du gage, qui exigerait un ouvrage beaucoup plus important que celui-ci. Du reste, il ne nous a pas paru intéressant pour nos lecteurs, qui seront probablement autant que nous économes de leur temps, de reproduire en quelque sorte comme des formules ce que le sujet comporte d'ordinaire et de banal.

Tout ce qui ne soulève pas de difficultés ni de controverse, tout ce qui n'offre pas de dangers ni de risques plus ou moins occultes, nous a semblé sans intérêt à redire à des lecteurs habitués aux affaires, qui connaissent déjà les conditions légales du contrat de gage et qui, en tous cas, peuvent promptement et facilement les retrouver dans les lois spéciales qui régissent cette matière, lois dont nous nous proposons, pour activer les recherches, de rapporter les textes qui sont fort peu étendus.

Mettre le doigt sur la plaie dans un travail court, et aborder vivement les quelques côtés brûlants de la question, était, à notre sens, plus profitable et rentrait mieux dans les nécessités tant de notre situation que de celle de la classe occupée des lecteurs que nous prévoyons et en vue desquels nous écrivons.

Si, au cours de notre travail, nous exprimons brièvement nos idées, nous ne les avons pas moins mûries longuement, avant de les traduire dans les avis que nous donnons souvent très-laconiquement.

Mais pour plus de sécurité et pour faciliter à nos lecteurs le contrôle de nos affirmations et les rendre juges du mérite de nos opinions, nous leur fournirons toujours l'indication des autorités sur lesquelles nous nous appuyons, pour qu'ils puissent s'y reporter au besoin.

Ce guide n'est pas une pure théorie, c'est le fruit de l'expérience acquise par la pratique des affaires pendant de longues années, expérience dont nous voulons faire profiter ceux qui peuvent en trouver l'application.

Une table analytique des matières fera suite à notre dernier chapitre pour faciliter l'examen des cas spéciaux ou des textes que nous aurons rapportés. Elle évitera les lenteurs en fournissant immédiatement la solution d'une question donnée.

A défaut d'autre mérite, notre livre aura du

moins celui de prouver que nous avons essayé de produire un guide utile au monde des affaires, et nous nous trouverons suffisamment récompensé si nous avons été assez heureux pour y réussir dans une mesure plus ou moins grande.

JULES BOURGEOIS.

INTRODUCTION

Un historique rapide et très-abrégé de la législation nous paraît indispensable à la bonne interprétation des chapitres qui suivent; nous en ferons donc la matière de notre introduction.

Le contrat de gage n'est pas un contrat nouveau.

Dans l'antiquité, le principe en était posé dans les lois, et les conditions de son existence y étaient tracées par les législateurs et les auteurs.

Sous l'empire du droit romain, il était pratiqué pour des choses auxquelles il ne s'applique plus aujourd'hui, de même qu'à cette époque il ne pouvait s'étendre à des objets que les lois modernes ont fait entrer dans son domaine.

Les lois anciennes avaient aussi édicté des formes auxquelles ce contrat était assujetti, et quelques clauses, défendues alors, ne le sont plus aujourd'hui ; certaines autres étaient permises qui sont maintenant prohibées dans nos lois.

Les mœurs de chaque époque et de chaque peuple, leurs besoins, commandés par le degré de développement de leur industrie et de leur commerce ont nécessité dans la législation des changements auxquels l'influence religieuse n'a pas toujours été étrangère ; mais le contrat, envisagé dans son principe, a toujours existé.

Assez peu clairement dénommé dans les écrits des jurisconsultes anciens, il était souvent confondu avec l'hypothèque, surtout quand il s'agissait de valeurs réelles, et, dans ces écrits, les trois appellations de nantissement, gage et hypothèque, paraissaient à certains moments n'exprimer qu'une seule et même chose, tandis que, dans d'autres cas, elles cessaient d'avoir la même signification.

Les auteurs de notre Code civil ont dû en être frappés, car, pour apporter de la méthode et de la clarté sur ce point, ils ont établi d'une manière fixe la dénomination propre à chaque cas de l'espèce par le texte précis de l'article 2072, ainsi conçu :

» Le nantissement d'une chose mobilière

2

« s'appelle *gage*. Celui d'une chose immobi-
« lière s'appelle *antichrèse*. »

Quant à l'*hypothèque*, ils l'ont rangée sous un
titre spécial du Code civil.

De cette manière, il n'y a plus de confusion
possible, l'hypothèque n'est plus un nantissement, et le nantissement devient un nom géné-
rique comprenant deux divisions, dont l'une est
le gage et l'autre l'antichrèse.

Le contrat de nantissement, malgré les diverses transformations qu'il a subies, est resté
de tous temps la même convention répondant
aux mêmes besoins.

Son usage est naturellement indiqué : rien
n'est plus simple, rien n'est plus légitime que
le fait, par un emprunteur, de donner une valeur quelconque à un prêteur pour la sécurité
du prêt obtenu.

Mais l'application de ce principe, excellent en lui-même, a souvent donné lieu à des abus, et il s'est trouvé des gens de mauvaise foi, emprunteurs et prêteurs, qui, pour frustrer la masse des créanciers de l'emprunteur, s'entendaient soit pour constituer un nantissement au profit d'un prêteur fictif, soit pour favoriser un créancier au préjudice des autres, par un nantissement créé la veille de la cessation de paiements, et antidaté selon le besoin des circonstances.

Aussi, lorsque Colbert mit à l'œuvre les législateurs de son temps qui nous dotèrent de l'ordonnance du commerce en 1673, on y prit des précautions contre ce genre d'abus, et l'on réglementa sévèrement la forme du contrat de gage qui ne pouvait être passé que devant notaire, en minute, et contenir l'énonciation de la somme prêtée et des gages délivrés avec un inventaire des quantité, qualité, poids et mesure des marchandises ou autres effets donnés en gage.

Ainsi l'on supprimait la fraude. Peut-être y avait-il d'autres moyens d'empêcher l'abus en laissant l'usage facile d'un contrat aussi utile, car la protection légale, quoique toujours dictée par l'intérêt général, a souvent pour effet de restreindre l'usage de la chose protégée quand elle ne produit pas la suppression complète de cet usage.

Au surplus, en 1673, le besoin d'activité dans les affaires ne s'était pas manifesté comme de nos jours, et ces formes, toutes lentes et coûteuses qu'elles étaient, satisfaisaient probablement aux besoins du commerce et des transactions restreintes d'alors.

Les dispositions législatives de Colbert sont passées presque intactes dans notre Code civil dont elles forment l'article 2074. Il en a été de même, du reste, de presque toute l'ordonnance de 1673, généralement considérée comme l'un des plus beaux monuments législatifs du dix-septième siècle.

De 1673 à 1804, une seule amélioration avait été réalisée, c'était la faculté accordée aux contractants de remplacer l'acte public par un acte sous seing privé, pourvu qu'il fût enregistré.

A partir de 1804, on voit se manifester l'intention du législateur de distinguer le gage en matière civile du gage en matière commerciale.

On sentait déjà bien que des actes notariés, des actes en double enregistrés, et, en général, toutes les formes procédurières sont incompatibles avec les besoins du commerce dont elles empêchent l'essor, et qu'elles finissent par paralyser.

Cette manifestation résulte du texte même du Code Napoléon, à l'occasion duquel elle s'est produite.

Au moment de la confection de ce Code, le gage civil était régi par l'ancien droit dont les rédacteurs ont formé leurs articles 2074 et suivants. Mais, en révivifiant ainsi l'ancien droit, on disposait formellement par l'article 2084 du Code civil « *que ce droit ne concernait pas, et* « *n'était pas applicable aux matières de com-* « *merce, à l'égard desquelles on suit les lois et* « *règlements qui les concernent.* »

Or, les lois et règlements qui concernaient le commerce, à cette époque, *c'était l'ordonnance de* 1673.

Par conséquent, en matière de commerce comme en matière civile, on n'avait de sécurité que dans les formalités de l'ancien droit, soit que l'on voulût s'appuyer sur le Code civil qui venait d'être voté, soit que l'on s'autorisât de l'ordonnance de 1673, à laquelle l'article 2084 du Code civil renvoyait les matières commerciales.

Pourtant, on espérait fermement sortir de ce cercle vicieux : le Code de commerce était en élaboration, il allait être produit par ses auteurs, et ces « *lois et règlements concernant le commerce* » allaient sans doute voir le jour mis en harmonie avec les besoins du temps.

Il n'en fut rien, la déception fut complète, et le Code de commerce resta absolument muet sur ce point.

La seule explication de ce silence réside dans un passage du discours de la commission chargée de préparer ce Code, passage où il est exposé qu'il y a lieu de créer un droit de gage ou, plutôt, un privilége en faveur du commissionnaire résidant dans une autre place pour les avances qu'il a pu faire à son commettant du dehors; mais que, *sur la même place,* le propriétaire pouvant vendre lui-même, le commissionnaire étant dès lors inutile, il était juste et conforme aux intérêts du commerce de ne créer aucun privilége pour les avances que le commissionnaire pourrait faire à son commettant; que des avances, en pareil cas, ne pouvaient être considérées que comme un prêt sur gage *devant être soumis aux formalités exigées par la loi pour ces sortes de prêts.*

Après ce mouvement de recul dans notre législation sur le contrat de gage, nous restions donc, malgré la promulgation de nos Codes, soumis à la même réglementation que celle du règne de Louis XIV qui demeura notre loi en matière civile comme en matière commerciale.

La distinction que les rédacteurs du Code civil avaient promise en 1804 avait été formellement refusée par les rédacteurs du Code de commerce, en 1808.

Depuis, cet état de choses a duré encore cinquante ans, et ce n'est que depuis quelques années que nous sommes dotés de deux bonnes lois sur le gage en matière de commerce : l'une sur les magasins généraux et warrants du 28 mai 1858, l'autre sur le gage commercial du 23 mai 1863.

Le gage, constitué au moyen des magasius généraux sous forme de warrants est trop net et trop clair pour que nous ayons à nous en occuper, ce qui, du reste, serait en dehors de notre cadre. Nous ne voulons traiter ici que du gage pur et simple, tel qu'il est réglementé par le droit commun, et notamment par la loi de 1863 au point de vue spécial du commerce et des actes commerciaux.

A partir de cette époque (1858-1863), le contrat prend une physionomie nouvelle, absolument différente de l'ancienne.

Cette convention semble rentrer en faveur auprès de nos législateurs. Les économistes et les hommes d'État reconnaissent en elle un levier puissant pour le crédit, une opération simple, honnête et utile.

Le gouvernement, qui prend devant les

Chambres l'initiative de cette loi féconde en résultats avantageux, et la commission du Corps législatif qui en propose l'adoption, ne trouvent que des expressions flatteuses pour ce genre de contrat. Ils appellent à diverses reprises les capitalistes et les banques à prêter sur gage ; ils invitent les commerçants à en user largement, et, pour conclure, ils présentent à l'opinion publique la mise en pratique de cette loi, comme un bienfait national devant déterminer l'élévation du niveau commercial de notre pays, but auquel tous les efforts et tous les intérêts privés sont vivement appelés à concourir.

L'immense développement qu'ont pris les opérations de prêt sur gage, depuis cette loi, prouve que ces prévisions étaient fondées. Nous étions, dès lors, en possession d'un puissant moyen de crédit, simple, utile, et n'offrant au fond la possibilité d'un danger réel pour personne, mais d'un usage encore difficile pour certaines questions de forme qui sont la raison d'être de ce guide.

GUIDE

DU

CRÉANCIER-GAGISTE

CHAPITRE PREMIER

CONSIDÉRATIONS GÉNÉRALES

L'accroissement de la fortune mobilière dans des proportions énormes et sa diffusion aux mains d'innombrables détenteurs ont constitué l'un des faits économiques les plus importants et les plus caractéristiques de notre siècle.

Les valeurs mobilières de toute espèce ainsi répandues sous toutes les formes ont multiplié les besoins de crédit et d'échange.

Forcément popularisé, le crédit est devenu un moyen de rapide mobilisation et de facile transformation des valeurs, et c'est, dans cette situation, au contrat de gage que l'on devait recourir. Aussi son usage est-il devenu très-fréquent, et est-il aujourd'hui un moyen ordinaire et journellement employé dans les affaires.

Mais il est peu de contrats dont les règles légales soient si souvent, si généralement négligées par les intéressés et qui donnent lieu à des erreurs plus graves et plus fréquentes que celui-ci.

Ces erreurs, entretenues par l'habitude, subsistent à l'état permanent, menaçantes pour les créanciers qui reposent ainsi dans une fausse sécurité, et les nombreuses opérations qui se répètent chaque jour sont établies presque toutes par des contrats nuls vis-à-vis des tiers, pour défaut d'accomplissement des formalités légales.

La fausse sécurité des créanciers gagistes, à l'égard des garanties qu'ils croient bien établies entre leurs mains, résulte de ce qu'ils ignorent, au moins en partie, les obligations imposées par la loi pour la validité de ces garanties, et de la rareté des attaques dont le contrat de gage est l'objet de la part des intéressés. Cette fausse sécurité est le danger qui, pour être rarement traduit en fait, n'en existe pas moins, et nous croyons qu'il vaut mieux en prévenir l'effet. en restant dans la stricte légalité, que de se reposer sur une sorte d'immunité, qui ne saurait entrer dans les calculs des hommes sérieux.

Les erreurs auxquelles donne lieu le contrat de gage naissent souvent de la confusion qui existe généralement entre le gage civil et le gage commercial, dont les règles sont maintenant bien différentes, comme aussi de l'appréciation et de la distinction, plus ou moins exacte, de la nature commerciale ou civile du gage.

Bien que le sujet soit compliqué, il faut préciser ce qui, dans ce contrat, est attaquable, et ce qui ne l'est pas. Il faut que celui qui y aura recours trouve ici un exposé net de son droit, afin de ne pas faire fausse route, en perdant son argent et sa tranquillité.

La règle fondamentale est que le gage, sous quelque forme qu'il soit constitué, est *toujours valable entre les parties;* en conséquence, le débiteur ni le bailleur de gage ne sont recevables à opposer le défaut d'aucune forme, ou formalité spéciale.

Toutes les formes édictées ne le sont *que vis-à-vis des tiers.*

C'est là une base bien établie dans la jurisprudence sur l'ordonnance de 1673 rapportée par Pothier (*Nantissement*, n° 17). Cette ordonnance avait du reste été commentée dans le même sens par Jousse (tit. VI, art. 8 et 9).

Dans notre droit actuel le principe qui forme cette base est appuyé par la doctrine de Troplong (*du Nantissement,* n° 109) et consacré par divers arrêts de cassation et de cours d'appel, et récemment encore par les arrêts suivants : — Cass., 30 nov. 1864; Dalloz, 67,1,55. — Cass., 10 avril 1867; Dalloz, 67,1,397. — Cass., 13 janv.

1867 ; Dalloz, 1,105,125 et 127.—Cass., 13 janv. 1868 ; 62,1,125 et 126.

Puis, ce principe est développé et confirmé de nouveau dans les motifs de la loi de 1863 dont nous aurons à nous occuper plus loin. Il paraît donc certain et à l'abri de toutes contestations.

C'est en partant de cette base et à ce point de vue général qu'il faut examiner la législation sur le gage. On doit toujours avoir en vue, en traitant avec un emprunteur *in bonis* au moment de la convention, qu'il peut cesser d'être solvable ou honnête et placer ainsi, volontairement ou malgré lui, son prêteur en face de tiers, en faveur desquels la loi a édicté des formalités à peine de nullité du gage constitué.

Ce que l'on doit toujours craindre, *c'est le tiers*, c'est celui qui, soit loyalement, soit par suite d'un concert avec le débiteur de mauvaise foi, vient former opposition à la remise du gage, le paralyser d'abord aux mains du gagiste, pour ensuite demander l'annulation du contrat par

lequel il a été constitué et partager à la contribu-
tion sur le même pied que le créancier gagiste
qui se trouve dépouillé.

C'est à cause et à l'égard des tiers seuls que des
formes particulières sont prescrites pour la validité de la convention ; ce sont ces formes qui vont
nous occuper dans les chapitres suivants.

CHAPITRE II

DU GAGE CIVIL

Il ne peut être valablement constitué de gage civil que conformément aux prescriptions de l'art. 2074 du Code civil, c'est-à-dire par acte sous seing privé enregistré.

S'il s'agit de *meubles incorporels* (art. 2075), le gage n'existe qu'autant que l'acte est signifié au débiteur de la créance donnée en gage.

Voici le texte de ces articles :

« Art. 2074. — Ce privilége n'a lieu qu'autant
« qu'il y a un acte public ou sous seing privé, dû-
« ment enregistré, contenant la déclaration de la
« somme due, ainsi que l'espèce et la nature des
« choses remises en gage, ou un état annexé de

« leurs qualité, poids et mesure. — La rédaction
« de l'acte par écrit et son enregistrement ne sont
« néanmoins prescrits qu'en matière excédant la
« valeur de cent cinquante francs. »

« Art. 2075. — Le privilége énoncé en l'article
« précédent ne s'établit sur les meubles incorpo-
« rels, tels que les créances mobilières, que par
« acte public ou sous seing privé, aussi enregistré,
« et signifié au débiteur de la créance donnée en
« gage. »

Beaucoup de personnes ont pensé que l'obligation de signifier ne s'appliquait qu'aux créances
proprement dites et non aux actions et obligations
industrielles, et aux fonds publics, mais il est
jugé souverainement que l'obligation de signifier
existe à peine de nullité du gage pour *tous les meubles incorporels* (Cass., 13 janvier 1868; Dalloz,
105, 125 et 127; — Cass., 10 avril 1867; Dalloz,
68, 1, 125; et Cass., 30 nov. 64, Dalloz, 65, 1, 55),
sauf ce qui va être expliqué plus loin quant au
gage commercial constitué, après la loi de 1863,
qui *seul* s'en trouve affranchi.

Sur ce point important nous ne saurions nous appuyer sur une opinion plus autorisée que celle de Dalloz qui l'exprime en termes très-concluants que nous rapportons textuellement : « Malgré la loi « du 23 mai 1863 (D. P., 63, 4, 78) les arrêts rappor-« tés conservent leur intérêt, en tant *qu'ils déci-*« *dent que l'article* 2075 *s'applique aux actions* « *dans les compagnies de commerce, de finance ou* « *d'industrie.* On s'explique d'ailleurs difficile-« ment que ce point ait pu être contesté, alors « que, d'une part, l'art. 2075 mentionne expressé-« ment « *les meubles incorporels* » et que, d'autre « part, l'art. 529 C. civ. *attribue formellement le* « *caractère de meubles* par la détermination de la « loi *aux actions ci-dessus mentionnées.*

« Rappelons-nous que, d'après la jurisprudence, « les règles édictées par le Code civil sont applica-« bles en matière commerciale sur tous les points « à l'égard *desquels la loi commerciale n'a pas* « *édicté de dispositions spéciales.* L'opinion con-« traire, très-énergiquement soutenue par MM. De-« lamarre et Le Poitvin dans leur *Traité de droi*

« *commercial français* (V. notamment n°s 19 et
« suiv.) *n'a prévalu ni en doctrine ni en jurispru-*
« *dence* (V. Troplong, *Rev. crit.*, t. XVI, p. 47 et
« suiv.; Alauzet, *Rev. crit.*, t. XXI, p. 323 et suiv.;
« Harel, *Rev. de droit franç. et étranger*, année
« 1845, p. 277 et suiv.; Cassation, ch. civ., rej.
« 27 nov. 1865, D. P., 66, 1. 56). »

Pour une plus parfaite intelligence de cette
opinion motivée de Dalloz, nous ferons suivre le
texte, de l'art. 529 du Code civil qui fixe posi-
tivement ce que l'on doit entendre par meubles
incorporels ou, autrement dit, quelles sont les
choses *déclarées meubles par la loi* en dehors des
meubles corporels au sujet desquels le doute
n'est pas possible.

Art. 529. C. civ. :

« *Sont meubles* par la détermination de la loi, *les
obligations et actions qui* ont pour objet des sommes
exigibles ou des effets mobiliers, *les actions ou intérêts dans les compagnies de finance, de commerce
ou d'industrie*, encore que des immeubles dépen-
dant de ces entreprises appartiennent aux compa-

gnies. Ces actions ou intérêts *sont réputés meubles* à l'égard de chaque associé, seulement *tant que dure la société.*

« *Sont aussi meubles* par la détermination de la loi, les rentes perpétuelles ou viagères, *soit sur l'État, soit sur des particuliers.* »

Donc, il n'y a plus de doute, plus de discussion possibles, les titres au porteur sont au nombre des meubles incorporels, et, par conséquent, leur dation en gage *doit être régulièrement signifiée* si l'on ne veut s'exposer à la nullité du privilége.

L'art. 529 ne distingue pas les titres au porteur des titres nominatifs; donc il les comprend l'un et l'autre.

Ainsi, s'il est vrai *qu'entre les parties*, le gage soit valablement constitué sous une forme quelconque, il est certain que, vis-à-vis des tiers, il est radicalement nul s'il n'affecte les formes prescrites par les art. 2074, 2075, 2076 du C. civ., c'est-à-dire s'il n'est constitué par acte sous seing privé, *enregistré*, et s'il n'y a eu en même temps *délivrance du gage* au créancier ; ou si ce gage, consistant en meubles incorporels, tels qu'ils sont décrits par l'art. 529 C. civ., n'a pas été signifié au débiteur cédé.

De la combinaison des diverses prescriptions de la loi, des décisions qui viennent d'être citées et commentées, il résulte que dans beaucoup de cas le gage civil est presque impraticable à cause des inconvénients suivants que nous tenons à faire ressortir aux yeux, surtout, des plus enclins à l'admettre.

Premièrement. — Aucun gage civil ne peut être vendu par le créancier détenteur qu'après avoir obtenu du tribunal civil un jugement qui valide son gage et en autorise la vente (art. 2078 du Code civ.).

Tout jugement est susceptible d'appel quand il s'agit d'une valeur supérieure à 1,500 francs, et l'appel est suspensif de l'exécution (art. 457, C. de proc. civ.).

En d'autres termes, le débiteur qui ne veut pas s'exécuter loyalement et qui préfère risquer quelques frais de procédure peut, *la loi à la main*, faire obstacle, pendant un temps même fort long, à la réalisation du gage par le créancier.

Deuxièmement. — La déclaration qui doit être faite dans l'acte de gage, à peine de nullité, aux termes de l'art. 2074, est matière à chicane, s'il en fût, et il est très-rare que les tiers n'essayent pas d'établir que la rédaction est défectueuse ou que la somme due n'est pas exacte, qu'elle était due avant l'acte ou que la dette a été créée depuis, ou qu'elle a été augmentée ; ou encore que les objets formant le gage ont été changés ou transformés, diminués ou augmentés ; ou, enfin, que leur nature ou leur poids ne sont pas entièrement conformes aux désignations de l'acte.

Ces tentatives ne sont pas toujours couronnées de succès, mais il suffit qu'elles réussissent quelquefois pour tenir en éveil le créancier gagiste sur le danger qui le menace.

Ce danger est d'autant plus sérieux qu'il est

plus occulte, parce que les chicanes dont nous venons de parler, rarement entreprises au sujet de gages de peu de valeur, le sont toujours quand il s'agit de tenter de faire annuler un gage d'une grande importance, ce qui devient ruineux pour le créancier quand son gage lui est enlevé.

Troisièmement. — L'acte de gage devant être signifié au débiteur cédé à peine de nullité, pour les rentes, actions et obligations, on se demande à qui l'on fera signifier son acte quand on aura reçu en gage des rentes turques, des actions des chemins de fer russes ou des obligations des chemins de fer américains, en un mot, des titres au porteur de gouvernements étrangers ou de sociétés établies en dehors du territoire français, dans des pays plus ou moins reculés.

Cette signification est possible assurément ; mais elle constitue un acte trop difficile pour faire l'objet d'opérations de chaque jour.

Et même, quand il s'agira de valeurs françaises, est-on certain que l'on signifiera toujours à qui de droit, et le fait d'avoir signifié même à ceux qui ont qualité pour recevoir la signification n'entraîne-t-il pas pour le créancier, qui veut être bien régulièrement saisi, la nécessité de se procurer un certificat de non-opposition? certificat qu'il n'est jamais sûr de pouvoir obtenir, attendu que rien n'oblige le débiteur cédé à le délivrer ni à faire sur ce point aucune déclaration équivalente, sous une forme quelconque.

On le voit, ce gage soulève trop de questions et de difficultés pour être admis au nombre des opérations courantes.

C'est du contentieux tout pur, et par conséquent incompatible avec la simplicité et la netteté qu'exigent toutes les opérations de crédit.

Nous conseillons donc à nos lecteurs qui sont soucieux de leur tranquillité et désireux de n'accueillir que des affaires exemptes de difficultés, de proscrire la pratique du gage civil de la manière la plus formelle, et nous laisserons ce gage de côté pour nous occuper du gage en matière de commerce, au sujet duquel nous voulons entrer dans de plus grands développements.

Il pourra arriver que dans ces développements nous soyons obligé de rappeler les règles relatives au gage civil, mais ce ne sera que quand elles auront leur utilité et leur application par certains côtés au gage commercial.

CHAPITRE III

DU GAGE COMMERCIAL

L'état regrettable de notre législation sur le gage, telle que nous venons de le décrire, nous a amené la loi du 23 mai 1863, à la suite de celle de 1858, sur les magasins généraux et warrants, dont les effets avaient été jugés satisfaisants, et qui joué, depuis, le plus grand rôle dans les opérations des commerçants les mieux placés et les plus recommandables.

Dans la pensée du gouvernement existant, cette loi de 1863 devait venir compléter celle de 1858, et toutes deux faisaient partie des instruments mis au service de notre commerce, pour favoriser son'développement qui formait alors un

des points principaux de l'objectif des pouvoirs publics.

La loi sur les warrants favorisait le commerce en gros ; il était bon et juste de penser à toutes les autres branches ou divisions des intérêts commerciaux, et, généralement, avec les vues libérales que l'on apportait dans les modifications législatives, il convenait d'affranchir le plus grand nombre possible d'individus de formalités insupportables, en faisant, sur le gage, une loi plus générale que celle sur les warrants.

Le texte de la loi du 23 mai n'est pas concluant ; c'est ce dont nous allons juger en commençant par le mettre sous les yeux de nos lecteurs :

Loi du 23 mai 1863.

« Article unique. — Le titre VI du livre I du Code de commerce est modifié ainsi qu'il suit :

« Titre VI. — Du gage et des commissionnaires.

« Section I. — Du gage.

« Article 91.

Le gage constitué, *soit par un commerçant, soit par un individu non commerçant, pour un acte de commerce, se constate, à l'égard des tiers,* comme à l'égard des parties contractantes, conformément aux dispositions de l'art. 109 C. com.

« Le gage, à l'égard des valeurs négociables, peut aussi être établi par un endossement régulier, indiquant que les valeurs ont été remises en garantie.

« *A l'égard des actions, des parts d'intérêt et des obligations nominatives, des sociétés financières, industrielles, commerciales ou civiles, dont la transmission s'opère par un transfert sur les registres de la société, le* gage peut également être établi par *un transfert, à titre de garantie,* inscrit sur lesdits registres.

« *Il n'est pas dérogé* aux dispositions de l'art. 2075 C. civ., en ce qui concerne les *créances mobilières,* dont le cessionnaire ne peut être saisi, à l'égard des tiers, que par la signification du transport faite au débiteur.

« Les effets de commerce donnés en gage *sont recouvrables par le créancier-gagiste.*

« Article 92.

« Dans tous les cas, le privilége ne subsiste sur le gage qu'autant que ce gage a été *mis* et est *resté* en la *possession du créancier* ou d'un *tiers convenu* entre les parties. — Le créancier est réputé avoir les marchandises en sa possession, lorsqu'elles sont *à sa disposition* dans ses magasins ou navires, à la douane ou dans un dépôt public, ou si, avant qu'elles soient arrivées, il *en est saisi* par un connaissement ou par *une lettre de voiture.*

« Article 93.

« *A défaut de paiement à l'échéance*, le créancier *peut, huit jours* après une *simple signification*, faite au débiteur et au tiers bailleur de gage, s'il y en a un, *faire procéder à la vente publique des objets donnés en gage.*

« *Les ventes autres que celles dont les agents de change peuvent seuls être chargés* sont faites par le ministère *des courtiers.*

« Toutefois, sur la requête des parties, le président du tribunal de commerce peut désigner, pour y procéder, une autre classe *d'officiers publics*. Dans ce cas, l'officier public, quel qu'il soit, chargé de la vente, est soumis aux dispositions qui régissent les courtiers, relativement aux formes, aux tarifs et à la responsabilité.

« *Les dispositions des art.* 2 à 7 inclusivement de la loi du 28 mai 1858, sur les ventes publiques, sont applicables aux ventes prévues par le paragraphe précédent. »

Ces articles réglementent les frais, lieux et formes des ventes publiques.

« *Toute clause qui* autoriserait le créancier à *s'approprier le gage* ou à en disposer *sans les* formalités *ci-dessus prescrites* est nulle. »

Cette loi a eu en vue de soustraire le gage entre commerçants ou pour acte de commerce aux formalités imposées par la législation *antérieure* qui subsiste intacte quant au gage civil ou en dehors de l'acte de commerce.

Y a-t-elle réussi?

Si l'on en juge par le texte seul, il semble que non, au moins pour ce qui concerne les meubles incorporels, et c'est le principal aliment du contrat de gage dans la pratique, puisque ces meubles comportent les rentes, actions et obligations ainsi qu'il a été dit au chapitre précédent.

En effet, aux termes du § 1er de l'art. 91, le gage commercial se constate conformément à l'art. 109 du Code de commerce ainsi conçu :

Art. 109.

« Les achats et ventes se constatent par actes publics, par actes sous signature privée, par le bordereau ou arrêté d'un agent de change ou courtier, dûment signé par les parties ; — par une facture acceptée, — par la correspondance, — par les livres des parties, — par la preuve testimoniale, dans le cas où le tribunal croira devoir l'admettre. »

Mais aux termes du § 4 de cet article 91, les prescriptions de l'art. 2075 C. com., *en ce qui concerne les créances, sont maintenues*, c'est-à-dire

qu'il faudra signifier l'acte de dation en gage ou
ransport à titre de garantie.

Or, si l'on partait de ces termes, comme l'on ne
pourait signifier qu'un acte *sous-seing privé, enre-*
gistré, il faudrait en faire un, et ainsi, l'on arrive-
rait identiquement aux mêmes formes que celles
prescrites par la législation ancienne que l'on prétendait venir réformer et changer. — La fin de
l'art. 91 détruisait son commencement.

Ce résultat serait absurde, et il fallait penser
que le texte ne rendait pas *seul* la pensée, l'intention des législateurs du 23 mai 1863.

Il fallait surtout le penser en présence des considérants des trois arrêts de cassation que nous
avons cités plus haut (page 8) *qui, tous, admet-*
taient que la loi du 23 mai 1863 avait dispensé le
commerce des formalités anciennes et *spécialement*
de la signification, et à l'appui de ces considérants
on trouvait la même opinion dans les auteurs et
notamment dans Alauzet (*Commentaire du Code*
de commerce).

Les recherches que nous avons faites nous ont

appris que c'est dans l'exposé des motifs de cette loi du 23 mai 1863 que se trouvent révélés l'intention, la volonté des législateurs, le sens des articles et leur véritable signification.

On a eu le tort de ne pas dire assez dans la rédaction du texte de la loi en expliquant, dans l'exposé des motifs, pourquoi on ne le faisait pas.

En revanche, on a clairement établi dans cet exposé comment, *en matière commerciale*, les formalités d'enregistrement et signification de l'acte de gage *cessent d'être obligatoires*.

Et, aussi, comment on a *séparé les rentes, actions et obligations* des créances auxquelles elles étaient antérieurement assimilées par l'art. 529 du Code civil. — On a formellement déclaré que c'était seulement pour les gages constitués en créances ou meubles incorporels autres que les rentes, actions et obligations que l'on entendait maintenir l'obligation de signifier l'acte de dation en gage.

Mais notons en passant que si la société ne durait plus au moment de la dation en gage de ses actions ou obligations, la fiction cesserait et qu'il n'y aurait plus là qu'une créance devant être soumise aux formalités édictées pour le gage civil et non pas à celles édictées pour le gage commercial ; c'est tout au moins un point contesté, et, dans ce cas, il faudrait considérer le gage comme civil ou s'abstenir.

Nous pensons donc que le meilleur moyen de faire bien saisir le sens de la loi de 1863, dont l'intelligence a été préparée par l'exposé des motifs, consistera à détacher tous les passages de cet exposé qui nous ont paru donner la solution des divers points douteux ou controversés des questions qui nous occupent.

Il y a, selon nous, d'autant plus lieu de s'arrêter à ce parti, en présence de l'insuffisance ou de l'obscurité du texte de la loi, que non-seulement cet exposé, mais le rapport de la commission qui le complète nous semblent avoir été faits avec le plus grand soin et au moyen de recherches. très-étendues qui ont permis à leurs auteurs de ne pas glisser, comme cela arrive trop souvent, sur les difficultés, mais au contraire de les soulever, et de les mettre en évidence pour les élucider et les trancher ensuite.

Ces travaux, eu égard à l'autorité de leurs auteurs, sont très-précieux et en quelque sorte les seuls qui puissent servir de base pour asseoir nos convictions sur l'interprétation d'une loi encore récente et sur laquelle la jurisprudence n'a pu se manifester d'une manière suffisante.

Nous en ferons donc l'objet des deux chapitres qui vont suivre.

CHAPITRE IV

MOTIFS DE LA LOI DE 1863 SUR LE GAGE COMMERCIAL

L'exposé des motifs de cette loi a été présenté au Corps législatif le 13 mars 1863.

Voici les extraits que nous en avons faits :

« Art. 91 § 1er. — Le § 1er du nouvel art. 91 contient une des dispositions essentielles du projet. *Il fait disparaître* pour le gage constitué par un *commerçant*, soit qu'il reçoive des avances d'un autre commerçant, soit qu'il les reçoive d'un individu non commerçant, la *nécessité des formalités exigées* par l'art. 2074 C. civ., pour le gage civil. — *Il est hors de toute contestation*, il est maintenant parfaitement reconnu par les auteurs et par les arrêts que les formalités qui exigent

un acte enregistré, contenant la déclaration de la
somme due, ainsi que l'espèce et la nature des
choses remises en gage ou un état annexé de
leurs qualité, poids et mesure *ne regardent que les
tiers;* que les parties contractantes *ne sont pas
reçues* à en opposer l'*inobservation;* qu'à leur
égard le nantissement n'est soumis qu'aux *preuves
ordinaires,* savoir : les preuves admises dans l'ordre
civil, si l'affaire est civile, les preuves *commerciales, si l'affaire est commerciale.* Mais si la
convention doit être opposée à des tiers, dit le
tribun Gary (discussion du Code civil), si le détenteur sur gage réclame, au préjudice de ces
tiers, le privilège que la loi lui assure, il faut
alors que la remise de ce gage ou la convention
dont elle est l'effet ait une date certaine qui exclue
toute idée de fraude ou de collusion entre ce détenteur et le propriétaire du gage. » *C'est donc,
nous le répétons,* uniquement pour assurer au
créancier, *à l'égard des tiers,* le privilège qu'il
a entendu se réserver sur la valeur du gage, *que
les formalités de l'art. 2074 sont prescrites.* Ce

motif est très-sérieux, très-digne de la sollicitude du législateur, qui ne doit rien négliger pour empêcher que le privilége le plus légitime et le plus nécessaire ne devienne une occasion de fraude au préjudice des tiers. »

« Toutefois, les formalités se payent cher ; il faut les épargner aux affaires commerciales, si l'on veut qu'elles se développent. Cette nature d'affaires a d'ailleurs besoin de marcher avec rapidité. Les formalités font perdre du temps. Il serait donc utile et avantageux au commerce *de supprimer* celles dont il s'agit, qui entraînent perte de temps et perte d'argent, mais à la condition que l'intérêt des tiers ne soit pas compromis, qu'à la preuve authentique qu'exige la loi actuelle, on substitue un mode de preuve qui offre une sécurité suffisante. — On propose de se contenter des preuves usitées et admises en matière commerciale, telles qu'elles sont énumérées dans l'art. 109 C. com., et au moyen desquelles s'établissent à l'égard des tiers, comme à l'égard des contractants eux-mêmes, les achats et les ventes. — La *date* de l'acte de gage est un point essentiel à constater. Il faut, en effet, s'assurer que le contrat de gage ne tombe pas sous le coup de l'art. 446 C. com., qui prononce la nullité, relativement à la masse, des actes faits par le débiteur failli, depuis l'époque déterminée par le tribunal comme étant celle de la cessation de ses payements, ou dans les dix jours qui auront précédé cette époque. — Or, n'est-ce pas déjà une garantie très-sérieuse contre une date fausse, que l'art. 147 C. pén., duquel il résulte *qu'antidater un acte de commerce, dans une intention frauduleuse, ce n'est pas moins que commettre un faux en écriture de commerce,* et s'exposer à la peine des travaux forcés à temps...? »

« Il est devenu urgent d'aviser, et puisqu'il est bien constant que les formalités de l'art. 2074 ne sont pas absolument nécessaires en matière commerciale pour sauvegarder l'intérêt des tiers, que la constatation par les moyens de preuve, énumérés dans l'art. 109 et applicables à la vente est une constatation sérieuse et qui offre toute

garantie ; *il est juste de faire disparaître ces formalités* qui ont pour résultat de gêner et de paralyser le commerce dans une de ses opérations
les plus dignes d'intérêt et les plus légitimes. —
Il n'est pas inutile de faire observer ici que, par
la généralité de ses termes qui ne distinguent
pas : Le gage..... se constate à l'égard des tiers.....
conformément aux dispositions de l'art. 109 C.
com., ce premier paragraphe du nouvel art. 91
fait disparaître toute distinction entre le cas où
les contractants *habitent la même place*, et celui
où ils ont un domicile différent. Cette distinction, consacrée par les art. 93 et 95 au sujet des
avances faites par le commissionnaire, avait été
considérée par analogie comme applicable au
gage commercial proprement dit. En supposant
que la différence de domicile ait été une garantie
contre la fraude et ait pu motiver une distinction dans la loi, la rapidité des communications
a complétement fait disparaître aujourd'hui *cette
garantie, et la distinction n'a plus de raison
d'être.* C'est donc dans tous les cas, et quelle que

soit la résidence des contractants, que le gage s'établira à l'égard des tiers par les preuves de l'art. 109. »

. .« Une autre question controversée se trouve également implicitement tranchée par le paragraphe 1er : celle de savoir *à quel moment les avances* doivent être faites, relativement à l'époque de la livraison du gage, pour qu'elles emportent privilége. Tel créancier a voulu, *avant de faire des avances,* être en possession du gage, tel autre, au contraire, *a commencé par prêter et n'a exigé un gage que plus tard ;* un troisième a demandé un gage *pour certaines avances, puis ces avances ont grossi,* et il a exigé que le gage *primitif s'appliquât à ces avances nouvelles.* Le privilége, vis-à-vis des autres créanciers du débiteur, *existe également dans ces cas divers,* à la condition *que les conventions intervenues à cet égard entre les parties, faites de bonne foi et dans les délais de l'art.* 446 *C. com., soient constatées* dans leur *teneur et dans leur date par les preuves de l'art.* 109. *Les conventions sont ce qu'elles sont;* c'est le mode de preuve *à l'égard des tiers* qu'il s'agissait de déterminer. »

. . . .

« Le gage peut être constitué *en titres au porteur* tels que *effets publics, actions et obligations*, ces sortes de valeurs sont devenues aujourd'hui, dans la pratique des affaires, l'objet le plus habituel des opérations de nantissement. *Aucune disposition spéciale n'était nécessaire pour faire cesser toutes les controverses qui se sont élevées au sujet du nantissement des valeurs ayant la forme au porteur,* puisqu'il est déclaré par le projet d'une manière générale et, par conséquent, applicable à tous les objets mobiliers quelconques, *que le gage constitué* par un commerçant **s'établit à l'égard des tiers conformément aux dispositions de l'art. 109.** La propriété des titres au porteur est *transmissible sans endossement, sans notification au débiteur s'il s'agit d'obligation ; et par la seule tradition,* absolument *comme la propriété d'un lingot, d'un bijou, d'un meuble. Le § 1er suffit donc à leur égard et tranche toute controverse.*

Le gage constitué par un commerçant sur des titres
au porteur s'établira, à l'égard des tiers, comme
le gage constitué sur une marchandise quelconque,
sur un meuble, sur un lingot, ou sur un bijou, conformément aux dispositions de l'art. 109. »

. . . .

« *Le projet ne maintient les règles de la loi civile
qu'en ce qui touche* celles *des créances mobilières
dont le cessionnaire, conformément à l'art.* 1690
*C. civ., ne peut être saisi, à l'égard des tiers, que
par la signification du transfert faite au débiteur;*
c'est l'objet du paragraphe 4. D'après l'art. 2075,
le privilége du créancier gagiste ne s'établit *sur
ces créances* que par un acte enregistré et signifié
au débiteur. La signification du transfert au débiteur est nécessaire, parce que, aux termes de
l'art. 1691, sans cette signification, le débiteur
pourrait valablement payer au cédant. *Elle doit
être maintenue,* même en matière de gage commercial, puisque, sans elle, le créancier n'aurait aucune sécurité sur la conservation du gage. *Or, la
signification suppose la rédaction d'un acte,* et il

y avait d'autant moins lieu dans l'espèce de ne pas conserver la nécessité de l'enregistrement, qu'en définitive l'exception ne porte que sur une sorte de valeur d'une réalisation difficile et dont le commerce ne peut être amené à faire l'objet d'un nantissement que dans des cas extrêmement rares. »

. . . .

« Nous disons qu'on aurait sans doute évité de reproduire l'art. 2076 dans la loi nouvelle, *parce qu'il doit être bien entendu que les principes du Code civil en matière de nantissement sont applicables au nantissement commercial toutes les fois qu'il n'y est pas dérogé par une loi spéciale.* »

. . . .

CHAPITRE V

EXTRAITS DU RAPPORT DE LA COMMISSION
DU CORPS LÉGISLATIF

Ce rapport fait par M. Vernier, au nom de la commission, jette une grande lumière sur les intentions des législateurs de 1863, il précise le sens et la portée du texte, proposé à la Chambre et discuté au sein de la commission, dont il est l'habile interprète. Il est d'un utile enseignement de recueillir ici les passages qui nous intéressent :

« *L'innovation* résultant du § 1ᵉʳ de cet article (art. 91) du projet, dans la législation sur le gage commercial, réside dans l'indication *que le mode de constatation désormais autorisé,* établira la situation privilégiée des créanciers *gagistes vis-à-vis des tiers.* Entre les parties contractantes l'effet du

5

contrat de gage n'était point subordonné aux formalités d'un acte enregistré contenant la somme due, la description des choses remises en gage ou un état annexé de leurs qualité, poids et mesure ; *et si cette vérité n'avait point subi à l'origine des contestations abandonnées*, mais qui peuvent être reprises, on aurait pu abréger la rédaction, *en n'y comprenant pas les parties contractantes*, **en faveur de qui le nouveau genre de preuves n'est point une innovation.** — La modification ne s'applique qu'au privilége du créancier-gagiste *vis-à-vis des autres créanciers du débiteur commun ;* et ce privilége, qui ne pouvait prendre naissance que dans un acte *entouré de certaines formes*, **puisera désormais** son existence dans l'un ou l'autre des genres de constatations énumérées *à l'art.* 109 *C. com.* — Cette énumération *n'exclut pas les actes publics ou sous signatures privées*, mais elle comprend, entre autres moyens simples et faciles, *la correspondance, les livres*, et au besoin la preuve testimoniale. Tout ce que le crédit peut gagner à cette *nouvelle* constitution du privilége résultant

du gage ne peut échapper à personne. Le prêteur
qui voudra l'acquérir *n'aura plus à redouter les
imperfections d'un titre qui ne lui est pas fami-
lier. Il n'aura qu'à suivre ses habitudes de tous
les jours.* »

. . . .

. « En attendant, toutefois, et pour faire un pas
vers la réalisation de ces espérances, votre commission n'a vu que des avantages *à admettre au
bénéfice du nouvel art, 91 le gage constitué en
fonds publics français, et en valeurs d'industrie et
de commerce.* **Cette dérogation partielle** *à la loi
civile existe déjà.* Elle existe au profit d'établissements dont les garanties de moralité justifient
la position privilégiée qui leur a été faite sans
doute ; mais ce n'est pas là une question de garanties morales dans le prêteur ; c'est, comme
nous l'avons vu, une question d'utilité sociale.
Mettre le plus possible les capitaux à la disposition de ceux qui en ont besoin, sans trop s'effrayer
de quelques fraudes possibles. Tel est le but qui
nous semble devoir être atteint, et que nous avons

cru devoir poursuivre en proposant au § 1er l'a-
mendement suivant :

« Le gage constitué, soit par un commerçant,
soit par toute autre personne à l'occasion d'un
acte de commerce *ou en fonds publics français
et en valeurs des compagnies d'industrie et de
commerce,* se constate, etc. »

« *La première partie* de cet amendement, *celle
qui rattache le gage à l'acte de commerce,* pour
lequel il serait constitué, *a été admise par le
conseil d'État,* avec quelques changements dans
les mots qui l'expriment. *Quant à la deuxième
partie, elle a été* **repoussée** parce qu'elle faisait
sortir le projet du Code de commerce, qui seul
était à modifier, pour lui faire toucher le Code
civil *dont nous n'avions point à changer les dispositions.* »

« Le § 1er de l'art. 91 se trouve donc amendé
ainsi qu'il suit : « *Le gage constitué, soit par un
commerçant, soit par un non-commerçant pour
un acte de commerce se constate,* etc. »

« *L'honorable M. Millet aurait voulu qu'on*

substituât dans le projet, au gage constitué par un commerçant, celui constitué en matière commerciale ou envers un commerçant. »

« L'amendement de la commission, tel *qu'il a été arrêté d'accord avec le conseil d'État, satisfait dans sa partie la plus importante*, du moins, *la pensée de M. Millet*, car il est difficile de concevoir ce qui pourrait être matière commerciale en dehors des conventions d'un commerçant, ou des contrats qui ont pour but un acte de commerce. Mais *devions-nous étendre l'application* des principes *du § 1er de l'art. 91 au gage constitué au profit d'un commerçant par un non-commerçant?* »

« Cette extension n'avait rien que de conforme à la pensée que nous avons exprimée tout à l'heure, qu'il serait bon et utile de faire pénétrer l'innovation même dans le gage civil; *mais le conseil d'État, par un motif énoncé plus haut, n'aurait pas manqué,* si nous l'avions adoptée, *d'empêcher son introduction dans le projet définitif. Le gage constitué au profit d'un commerçant* par un non commerçant n'est, en effet, qu'un nan-

tissement civil ; *et c'est le gage commercial seul
que nous avons mission* de régler à nouveau.....
*Il demeure d'ailleurs entendu, pour en finir avec
le § 1ᵉʳ de l'art. 91, que son texte, en ne repro-
duisant pas l'obligation imposée aux contractants
par l'art. 2074,* de déclarer la somme prêtée, *met
fin* aux controverses qui s'étaient établies sur la
question de savoir *à quel moment les avances ont
dû être faites,* relativement à la livraison du gage,
pour qu'elles soient protégées par le privilége. *Il
suffira que la convention établisse un lien intime
entre le gage et la dette : que le gage ait ou non
précédé la dette, ou que la dette ait grossi postérieurement au gage, mais en vue du gage.* »

« Il existe, en dehors des actions et obligations
nominatives des compagnies, une autre espèce
de titres nominatifs appelés généralement *parts
d'intérêts.* Ces valeurs ont tous les caractères
d'une action ; elles en diffèrent pourtant en ce
sens qu'elles représentent une autre division de
l'intérêt social que celle qui existe entre les ac-
tionnaires. *C'est la part d'intérêt* que les fonda-

teurs d'une compagnie s'attribuent entre eux avant la mise en actions. Votre commission a pensé que *ce genre de titres, toutes les fois qu'il était admis par les compagnies à se transmettre par l'inscription du transfert sur les registres, devait, comme une action, être constitué en gage par le même moyen.* Elle a, en conséquence, proposé d'ajouter à l'énumération du § 3 les *parts d'actions.* »

(Le rapporteur a voulu écrire : *les parts d'intérêt*).

« *Cette addition a été accueillie par le conseil d'État.* »

« Le § 4 a pour objet, dans sa disposition un peu rétrograde, de préserver le créancier gagiste de l'extinction *qui pourrait avoir lieu* de son gage à son insu, *lorsque ce gage* est une créance autre *que celle qui résulte des actions ou obligations des compagnies, ou effets publics, ou valeurs négociables. Pour ces dernières créances, la libé*ration du débiteur n'a jamais lieu sans la remise qui lui est faite du titre ; et le créancier-gagiste qui le détient n'a point à craindre l'extinction, en dehors de lui, de l'obligation qu'il renferme; *mais, pour les autres créances mobilières*, le payement peut avoir lieu sans que le créancier-gagiste, à qui elles ont été données en gage, en ait le moindre soupçon, et ce payement valable anéantirait le gage si, conformément à l'art. 2075, le nantissement n'avait point été signifié au débiteur de la créance. — *Il était donc bon de ne pas laisser ainsi* le créancier-gagiste *à la merci d'une éventualité qu'il pourrait ignorer, et de maintenir, par suite, la règle de l'art. 2075 pour le nantissement* constitué en créance, dont le cessionnaire ne peut être saisi à l'égard des tiers que par la signification faite au débiteur. — Ces derniers mots, qui figurent dans le § 4, étaient-ils nécessaires, et n'ont-ils pas le tort d'ajouter à un article déjà long une longueur inutile? La commission aurait voulu leur retranchement, parce qu'il lui semblait évident que *les créances mobilières auxquelles on conservait, pour leur dation en gage, les dispositions de l'art. 2075, étaient suffisamment*

définies par leur isolement de toutes les autres va-
leurs négociables, actions et obligations nominatives
ou au porteur, etc. **Mais le conseil d'État, dans**
la crainte d'une confusion possible avec les actions
au porteur, par exemple, *a désiré que la première*
rédaction fût conservée. »

« L'honorable M. Millet a proposé pour l'article 92 un troisième paragraphe ainsi conçu :
Nonobstant le privilége du créancier-gagiste, les
objets donnés en gage restent soumis à l'action
des autres créanciers du débiteur-gagiste ou du
tiers donneur du gage. » — Ce paragraphe addi-
tionnel est destiné, dans la pensée de son auteur,
à trancher une question qui a été agitée et pour
laquelle la Cour de cassation paraît n'avoir jamais
eu d'hésitation. *Les autres créanciers du débiteur*
ont-ils le droit de saisir et faire vendre les objets don-
nés en gage entre les mains du créancier-gagiste?
L'affirmative est la règle généralement suivie ; et votre commission n'a pas cru devoir ajouter à la longueur des articles du projet sans une utilité réelle. »

« Sur le paragraphe 4, l'honorable M. Millet nous a présenté l'amendement suivant : — Est nulle toute clause ou convention qui, *antérieurement aux poursuites ou avant l'échéance de la dette*, autoriserait le créancier à s'approprier le gage ou à en disposer, sans les formalités ci-dessus prescrites. » — « La pensée de cette modification est inspirée par les motifs qui ont fait interdire toute convention qui permettrait au créancier de s'approprier ou de disposer du gage, sans les formalités prescrites. On a craint qu'il abusât de la situation *besoigneuse du débiteur*, au moment de la convention, pour lui imposer une véritable vente conditionnelle à vil prix, pour le cas où la dette contractée, et qui est toujours inférieure à la valeur du gage, ne serait pas payée à l'échéance. — *Or, quand cette échéance est arrivée, ou lorsque les poursuites sont commencées*, pour arriver à la vente, on n'a plus à redouter pour l'emprunteur les entraînements de sa faiblesse, *et il devrait être permis de stipuler le droit*, pour le créancier, *de conserver le gage et d'en disposer sans les forma-*

lités requises. — C'est aussi l'opinion adoptée par la doctrine qui réserve cependant, pour la solution à donner, *l'examen des espèces* où la question peut se présenter. »

« La *commission a pensé* que c'était là aussi ce que la loi avait de mieux à faire **en laissant à la Jurisprudence le soin d'interpréter son esprit suivant le cas.** »

La solution proposée par la commission sur ce dernier paragraphe nous paraît peu satisfaisante. Laisser aux tribunaux le soin de constituer une jurisprudence sur un point de droit controversé, c'est rendre un mauvais service aux justiciables.

Le pouvoir législatif, appelé à faire une loi sur une matière quelconque, nous semble, en quelque sorte, déserter sa mission et laisser sa tâche inachevée, lorsqu'il s'abstient de déclarer ce qui est permis et ce qui est défendu, en laissant au pouvoir judiciaire le soin d'établir lentement, et de la façon la plus onéreuse pour le public, une règle de jurisprudence qui, par sa nature variable, ne peut jamais remplacer la loi, qu'il était du devoir des législateurs de rendre précise en prévenant ainsi de nombreux procès, que toute bonne loi doit avoir pour but d'éviter.

Nous aurions voulu n'avoir aucune réserve à faire dans les justes témoignages de gratitude que nous n'avons pas ménagés à la commission pour son travail dans presque toutes ses parties, mais, partisan du droit positif, nous n'avons pu voir sans peine que l'on laissât en litige, et à l'état de question pour bien des années encore, une interprétation qu'il était si facile de donner, dans un sens ou dans un autre, en faisant la loi.

CHAPITRE VI

RÉSUMÉ ET COMMENTAIRES DU DROIT
CONSEILS PRATIQUES

De tout ce que nous avons exposé dans les chapitres précédents, nous voulons tirer une con-
clusion.

Nous allons sortir plus souvent du domaine de
la théorie pour entrer dans celui de la pratique.

Une certaine fusion, une utile combinaison va
s'opérer entre nos éléments de législation et nos
éléments de commerce.

L'application des principes va se faire à des
opérations que nos lecteurs peuvent voir, peuvent
faire tous les jours, dans le mouvement commercial au milieu duquel nous vivons.

Bien que nous ne citions aucun exemple, il

sera facile à chacun de reconnaître ce qui, dans nos conseils, peut s'appliquer aux besoins de ses affaires.

En résumé, des travaux qui précèdent, se dégagent plusieurs points fondamentaux qui doivent former les conditions essentielles de tout contrat de gage ; le créancier ne doit pas s'en écarter dans les conventions de cette nature qu'il est susceptible de faire. Nous les formulons dans les quatre paragraphes ci-après :

§ 1.

Le gage *est toujours valable entre les parties, quelle que soit la forme adoptée* pour sa dation ou sa constitution.

Le *débiteur* et le bailleur de gage sont donc *non recevables* à exciper d'aucune nullité dérivant de l'inobservation de formalités quelconques.

§ 2.

Toutes les prescriptions légales ont été édictées *vis-à-vis des tiers seulement.*

Malgré cela, et dans tous les cas, *on ne doit accepter de constitution de gage que valable vis-à-vis des tiers*, parce que l'emprunteur, aujourd'hui *in bonis*, peut être en déconfiture demain ou seulement sous le coup d'une ou plusieurs oppositions.

Demain aussi il peut faire des actes de commerce habituels, devenir ainsi commerçant et se trouver exposé à la faillite.

Les conséquences de ces éventualités sont de mettre le créancier nanti de gage en face de tiers venant aux lieu et place de l'emprunteur.

On doit donc mettre *dès le début* les conventions à l'abri de tout événement de ce genre.

§ 3.

Le gage civil reste soumis aux formalités anciennes de l'acte sous seing privé, enregistré et signifié à peine de nullité. — Par suite il n'est pas praticable, du moins, relativement et dans le sens que nous avons exposé à la fin du chapitre II.

§ 4.

Le gage commercial est bien définitivement dégagé de l'obligation de l'acte sous seing privé enregistré et de la signification.

Pourtant si ce gage, **quoique commercial**, *était représenté par une créance proprement dite*, ou une valeur *mobilière incorporelle quelconque*, il faudrait un acte sous seing privé *enregistré et signifié au débiteur cédé* et ce, *absolument comme en matière civile*, excepté si le gage se composait de fonds publics, actions ou obligations.

Ces jalons posés indiquent le terrain sur lequel nous allons maintenant établir des règles de prudence que nous conseillons à tous ceux qui se trouveront dans le cas de pratiquer le contrat de gage.

Pour procéder avec méthode, nous ne voyons rien de mieux que de suivre, dans nos observations, le même ordre que celui adopté pour les divers articles de la loi de 1863 qui ont été intercalés dans le Code de commerce, dont ils forment aujourd'hui les articles 91, 92 et 93.

Nous diviserons. donc notre discussion en trois parties correspondantes à ces trois articles.

Art. 91.

Tout d'abord il est nécessaire d'examiner et de préciser quels seront les caractères indéniables qui constitueront la *commercialité du gage*. C'est une base essentielle pour qu'aucune contestation ne puisse se produire sur l'application des immunités édictées par la loi du 23 mai 1863, et il faut arriver sur ce point *jusqu'à l'absolu*, parce que ce n'est pas une simple question de compétence des tribunaux qui est en jeu, mais *c'est le gage lui-même, qui serait enlevé au créancier* si ce gage, qu'il a cru commercial, était jugé civil, en ce sens que, comme civil, *il serait nul, n'ayant pas été fait selon les règles civiles*.

Le gage constitué, *soit par un commerçant*, dit l'art. 91, *soit par un individu non commerçant* pour un acte de commerce, se constate, etc.

G

Il suffit donc de ne traiter *qu'avec un commerçant de profession et patenté* pour jouir du bénéfice de la loi du 23 mai 1863.

Nous insistons beaucoup pour qu'aucune opération ne soit faite qu'avec des commerçants de profession et patentés.

Il faut que ces deux conditions soient réunies :

1° Commerçant de profession ;

2° Patente qui le constate.

La profession sans la patente peut être contestée.

La patente seule, sans autre preuve de la profession, n'est pas suffisante. On peut dire qu'elle a été imposée à tort, que l'on a cessé de faire ce commerce, et, enfin, que la profession patentée n'est pas commerciale comme pour les : architectes, avocats, médecins, vétérinaires, dentistes, agents de change, commissaires-priseurs, huissiers, agréés, syndics de faillites, maîtres de pensions, cercles, jeux, cabinets de lecture, et tant d'autres où la jurisprudence voit prédominer le travail et la main-d'œuvre sur l'échange.

Il est donc indispensable pour constituer valablement le gage commercial, de bien examiner tout d'abord si l'on traite avec un commerçant, et, puisque l'on ne doit pas s'en rapporter sur ce point à un document, à la patente, il faudra être sûr et avoir vérifié par soi-même que la personne avec laquelle on traite est un vrai commerçant et pouvoir prouver qu'il fait du commerce sa profession habituelle, conformément à l'art. 1er combiné avec l'art. 632 du Code de commerce, dont voici le texte :

Art. 1er.

« Sont commerçants ceux qui exercent des actes « de commerce, et en font leur profession habi- « tuelle.

Art. 632.

« La loi répute actes de commerce :
« Tout achat de denrées et marchandises pour « les revendre, soit en nature, soit après les avoir « travaillées et mises en œuvre, ou même pour « en louer simplement l'usage; »

« Toute entreprise de manufactures, de com-
« mission, de transport par terre ou par eau ; »

« Toute entreprise de fournitures, d'agences, bu-
« reaux d'affaires, établissements de ventes à l'en-
« can, de spectacles publics ; »

« Toute opération de change, banque et cour-
« tage ; »

« Toutes les opérations des banques publiques,
« toutes obligations entre négociants, marchands
« et banquiers ;

« Entre toutes personnes, les lettres de change,
« ou remises d'argent faites de place en place. »
« [Ord. 1673, tit. XII, art. 2, 4, 8 et 10.] »

Il est très-fâcheux que cette qualité de commerçant d'où dépend la validité du contrat soit à déterminer par la nature des opérations plutôt que par
la qualité de la personne, mais c'est là un point
acquis en droit, et c'est à celui qui accepte un gage à
se garer contre les variations de la jurisprudence
en ne l'acceptant que de celui qu'il connaît bien
comme faisant, journellement et depuis un temps
moralement assez long, sa profession ordinaire du

commerce et, pour plus de sûreté, patenté pour ce commerce.

Les personnes qui ne font que passagèrement des opérations de commerce, en même temps qu'une autre profession, qui ne font que depuis peu de temps les affaires, qui n'ont pas une position notoirement commerciale, avec comptoir, magasin ou boutique *ad hoc*, devront être repoussées, parce que les tiers intéressés pourraient trouver dans la jurisprudence autant d'arguments pour prouver que, dans ces conditions, elles n'étaient pas commerçantes, que l'on pourrait en trouver pour prouver qu'elles l'étaient.

Comme la validité du gage est en jeu, c'est une partie que la prudence n'autorise pas à jouer, même avec beaucoup de chances pour soi.

On donnera plus de force au caractère commercial de l'opération en faisant toujours représenter les avances faites sur le gage par billets ou lettres de change, parce que l'on arrive ainsi à se mettre sous l'application du paragraphe final de l'art. 638 du Code de com., ainsi conçu :

Néanmoins les billets souscrits par un commer-
çant sont censés faits pour son commerce..... lors-
qu'une autre cause n'y sera point énoncée.

Pour un commerçant *même de profession et pa-*
tenté on peut encore discuter et *prétendre civil un*
emprunt par lui fait dans certaines circonstances.
Devant son billet et l'art. 638, **on ne peut rien dire,**
· **c'est une solution absolue.**

Pourtant nous nous empressons d'ajouter que
cette précaution semble surabondante en face des
mots de l'art. 91 : « Le gage *constitué par un com-*
merçant...» qui ne soulèvent plus la question de
l'application des fonds prêtés ou avances faites à
une *destination civile ou commerciale* et laissent
seulement à établir la qualité ou la profession
commerciale de l'emprunteur.

C'est pour faire la preuve de cette qualité *qui*
est déterminante de la nature du gage, que le créancier doit s'entourer des précautions que nous venons d'énumérer, lesquelles ne laissent aucune
prise à ceux qui voudraient tenter de la faire juger civile.

Ne perdons pas de vue que le paragraphe final de l'art. 91 maintient la forme civile, *même entre commerçants et pour actes de commerce*, lorsqu'il s'agit de donner en gage des *créances ou autres droits incorporels;* d'où la nécessité de signifier la convention lorsqu'il s'agit d'un gage de cette nature.

De telle sorte qu'en dernière analyse, les *seuls meubles incorporels* qui se trouvent désignés dans l'exposé des motifs de la loi du 23 mai 1863 pour jouir, **avec les meubles** et marchandises, en **matière commerciale**, des immunités édictées par cette loi, sont les **fonds publics, actions et obligations** seulement.

Quant au civil *faisant acte de commerce*, en matière de crédit et d'avance, on ne doit pas hésiter un instant à le **proscrire absolument**, attendu qu'il n'est presque jamais possible de prouver **l'emploi fait des fonds prêtés** et que même, cela fût-il possible, les décisions de justice sont tellement variables et contradictoires *sur tous les cas* de cette espèce, que ce serait vouloir s'exposer à des annulations de gage quand il plairait à un débiteur de mauvaise foi de faire intervenir un créancier à sa dévotion pour *attaquer, comme tiers,* la forme du gage.

Les arguments seront faciles aux emprunteurs pour *prouver qu'ils font acte de commerce,* et pour essayer d'en convaincre le prêteur.

Mais, en pareil cas, celui-ci doit toujours résister et s'abstenir, parce que **les créanciers seuls** *courent les risques d'une interprétation contraire,* et que **ces risques sont trop considérables,** *puisqu'ils comportent la suppression de leurs gages,* alors que *dans ces* sortes d'affaires *c'est au gage seul* qu'ils font crédit, et que, si cette garantie disparaissait, ils resteraient en face d'un débiteur dont la solvabilité personnelle leur est inconnue ou qu'ils savent insolvable, puisque, précisément, ils n'avaient fait crédit qu'en raison de la remise à eux faite du gage supprimé.

Neuf fois sur dix l'annulation d'un acte constitutif de gage laisse le créancier en face d'un débiteur incapable de le rembourser. On s'expliquera donc d'autant mieux l'importance qui s'attache à la régularité absolue de l'acte, afin que toute annulation soit rendue en quelque sorte impossible dans toutes les circonstances si diverses que crée le mouvement des affaires.

Nous avons à peine besoin de dire que pour la dation en gage des valeurs négociables et des *actions et obligations* nominatives, c'est un endossement ordinaire qui doit être fait, mais un endossement parfaitement régulier conformément aux art. 137, 138 et 139 du C. de com., dont, par conséquent, la valeur doit être exprimée dans ce cas « *valeur en garantie* ». Nous n'avons, du reste, touché dans ce guide que les points qui font difficulté et au sujet desquels il y avait ou il peut y avoir encore des interprétations différentes ou de l'hésitation. Notre intention, nous l'avons dit, n'est pas de fournir un formulaire ; et l'on trouvera même que nous avons souvent négligé certaines parties du droit sur le nantissement ; nous ne l'avons fait que quand elles nous ont paru ne soulever aucune question ni controverse dans leur interprétation et ne présenter par conséquent ni danger ni intérêt.

Art. 92.

L'obligation de *délivrer le gage* au créancier reste indispensable, et toutes les clauses approximatives que l'on cherche à y substituer, sont inefficaces et ne servent qu'à compromettre le droit du créancier qui ne fait en cela que donner la preuve qu'il a cherché à éluder la loi.

On a imaginé plusieurs clauses de ce genre, telles que procuration par le créancier à son débiteur pour détenir, exploiter, entretenir, soigner ou réparer le gage ; location par le débiteur ou créancier des lieux renfermant le gage.

On prétendait que si, par ces stipulations, le débiteur restait détenteur effectif, ce n'était pas comme propriétaire, mais bien comme mandataire ou que le gage n'était plus chez le débiteur quand celui-ci avait fait à son créancier un bail des lieux où il était déposé.

Ces prétentions paraissent fondées en droit strict,

mais elles ont donné lieu à de si nombreuses dis-
cussions que nous renonçons même à les citer.
Qu'il nous suffise de dire que, le plus souvent,
elles tournent contre le créancier qui, pourtant,
en général, n'avait accepté ces clauses que de
bonne foi et pour la plus grande facilité du débiteur.

Enfin, on a quelquefois couru le risque d'un
dessaisissement momentané, convaincu de la fidé-
lité de ceux aux mains desquels on avait remis le
gage.

Nous ne saurions trop proscrire et condamner
la forme de ces stipulations, qui veulent mettre
une rédaction plus ou moins savante à la place de
ce qui ne peut être remplacé : **le fait matériel de
la délivrance, de la tradition du gage.**

Toutes ces clauses, que nous avons appelées approximatives, sont presque toujours vues par les
tribunaux comme des moyens **indirects** de faire ce
que la loi défend, c'est-à-dire de constituer un
gage dont le propriétaire ne se dessaisit pas entre
les mains de son créancier;

Quant au dessaisissement momentané, il est net-
tement contraire au texte lui-même qui veut que
le privilége du gagiste ne subsiste sur le gage qu'autant qu'il *a été mis* **et est resté** en la possession du
créancier.

Si cette mise en possession n'a pas eu lieu réel-
lement, de même que si elle a été interrompue
ou enfin si le gage a été retiré, la loi est formelle,
le privilége **ne subsiste plus.**

Il nous semble de la dernière imprudence de
chercher, par des argumentations habiles, à établir
que le mandataire du créancier, en droit, c'est lui-
même, et que, dès lors, il n'y a pas eu dessaisissement, ou que le dessaisissement n'a été que momentané, ou encore qu'il a eu lieu aux mains d'un
tiers autre que le débiteur, ce qu'il ne serait pas
dans l'esprit de la loi de proscrire.

Il faut donc se garder de toutes ces subtilités et
s'en tenir à la seule et unique forme qui soit sérieuse et conforme au texte de la loi, c'est-à-dire
faire *délivrer et garder le gage* aux mains du créancier lui-même ou d'un tiers convenu entre les par-

ties et ce acceptant. En dehors de cela, tout est éventualité.

Sur cette question essentielle de la délivrance de la chose donnée en gage, nous nous sommes long-temps demandé la signification exacte du 2ᵉ alinéa de l'art. 92 édictant « *que le créancier est réputé* « *avoir la marchandise en sa possession lorsque,* « *avant qu'elle soit arrivée, il en est* **saisi** *par une* « *lettre de voiture.* »

On comprend très-bien que, sans avoir des mar-chandises dans ses propres magasins, on puisse, par une fiction de la loi, en avoir la propriété, **en** **être saisi** *par un titre* : récépissé de magasin gé-néral, connaissement, acte de transport ou tout autre instrument récognitif ou translatif de pro-priété.

Mais la lettre de voiture n'est pas translative de propriété; elle n'est qu'un contrat de transport entre l'expéditeur et le voiturier, et ce dernier ne contracte aucune obligation envers le destinataire qui, du reste, n'est jamais partie à ce contrat. A ce point que le voiturier, sur l'ordre de l'expéditeur, peut changer la destination de la marchandise.

Or, comment un destinataire peut-il jamais se trouver nanti de marchandises à lui adressées par une lettre de voiture signée entre son expéditeur et un voiturier, quand il dépend de la volonté des deux derniers, et même de la volonté de l'expéditeur seul, de rendre ou de ne pas rendre la marchandise à destination, et cela sans même qu'un reproche puisse être adressé au voiturier qui peut exciper de sa bonne foi et de l'ignorance où il est des conventions qui ont pu intervenir entre l'expéditeur, son mandant, et le destinataire avec lequel il n'a pas contracté ?

Il n'y a pas là un instrument légal, au moyen duquel le destinataire puisse se *nantir*, avant l'arrivée de la marchandise.

On peut lui donner l'avis, l'assurance de l'expédition, on ne peut pas le *nantir* avant l'arrivée. La simple remise de la lettre de voiture ne peut lui conférer aucun droit qu'il puisse utilement exercer sur la marchandise avant son arrivée. En cours de voyage, elle reste la propriété de l'expéditeur à la *volonté seule* duquel elle demeure soumise dans les mains de son voiturier.

Ainsi le veut le contrat de transport tel qu'il est établi au Code de commerce.

Cette facilité que la loi a voulu donner semble donc devoir rester lettre morte ; l'intention était bonne et l'application de cette idée rationnelle était nécessaire et juste, mais le sens pratique a fait défaut à cet endroit.

Il n'en aurait pas été de même si, au lieu de dire dans cet article que le gagiste pourra être considéré comme en possession de la marchandise à lui expédiée quand il en sera *nanti* par une lettre de voiture, *nantissement impossible à effectuer*, on avait dit, par analogie avec l'art. 95 de la même loi, que *le fait de l'expédition des choses constituées en gage équivaudrait à la délivrance exigée pour la validité du contrat.*

De cette manière, le gage serait régulier et légal et, s'il est vrai que l'expéditeur de mauvaise foi pourrait encore détourner son expédition pour tromper le destinataire, danger que celui-ci con-

naissant peut conjurer, il est certain que le contrat serait valable vis-à-vis des tiers et aurait son
cours chaque fois que l'expéditeur ne serait pas un
escroc, ce que le destinataire est toujours en position de juger.

Libre à lui, du reste, de courir ce risque si bon
lui semble.

Dans notre pensée les auteurs de la loi de 1863
ont voulu faire ce que nous demandons, mais nous
sommes convaincu qu'ils ne l'ont pas fait, et que
le texte qu'ils ont adopté en ce qui touche le créancier qui serait *nanti* par une lettre de voiture
n'est pas juridiquement applicable.

Il est très-probable que la jurisprudence dira
plus tard que c'est la *simple remise* de la lettre
de voiture qui doit équivaloir au nantissement;
c'est l'esprit de la loi qui, sans cela, n'aurait pas
d'application possible.

En attendant, il est sage de ne pas se livrer sans
précautions à des opérations de gage dans de sem-
blables conditions. Il vaudrait même mieux s'en
abstenir.

Art. 93.

Pour l'exécution des prescriptions de cet article nous recommandons d'éviter soigneusement quelques stipulations qui ont été apportées dans les opérations de gage par des praticiens désireux de simplifier l'exécution, mais qui ne se doutent pas que la loi *annule d'avance* ces stipulations et ce, dans un intérêt prétendu d'ordre public, prétention que nous n'avons pas à discuter.

Ces stipulations sont généralement dans le sens suivant :

1° Autorisation au créancier à l'effet de vendre le gage à défaut de paiement à l'échéance, ladite autorisation donnée, soit dans l'acte, soit en dehors de l'acte ; soit au moment de la constitution du gage, soit postérieurement.

2° Vente ferme avant l'échéance au créancier par le débiteur, celui-ci sachant qu'il ne paiera pas ; ou vente au créancier par le débiteur après échéance et non-paiement.

Toutes ces stipulations sont bâtardes, toutes sont

contraires à la loi *dont l'esprit est de les prohiber.*

S'y livrer, c'est, encore une fois, faire indirectement ce que la loi défend de faire directement.

C'est donc exactement se mettre dans la même situation, c'est-à-dire sous le coup de la nullité absolue desdites conventions, clauses ou stipulations, quels qu'en soient la forme, la date ou le lieu.

Les tribunaux resteraient toujours maîtres de reconnaître la nullité de l'opération et d'accorder au débiteur des dommages-intérêts au cas où elle aurait été consommée malgré sa nullité originelle.

Ce serait donc pour le créancier-gagiste une position de dupe, car le débiteur se garderait bien d'aucune réclamation quand, par suite de baisse du cours des objets vendus postérieurement à leur vente, l'opération tournerait à son profit ; mais il ne manquerait pas d'exploiter la position quand, au contraire, par suite de hausse du cours résultant des circonstances et des fluctuations ordinaires postérieures, elle tournerait à sa perte.

Pour exploiter le créancier, le débiteur n'aurait qu'à attendre tranquillement que les circonstances soient propices à son intérêt ; son action ne se prescrit qu'au bout de longues années, et cela lui laisse la facilité de choisir son temps dans l'avenir, pour former sa réclamation au moment seulement où le cours présente une hausse qui justifie sa demande assurément déloyale, mais légale.

Il faut admettre *avec la jurisprudence, du reste,* que toute opération de ce genre où il s'agirait de rentes, actions ou obligations cotées officiellement à la bourse, faite normalement par agent de change, au cours, n'aurait pas de chances d'être critiquée avec succès ; mais c'est là une situation précaire, incertaine, qu'il dépendrait des juges de trancher, à leur volonté, dans un sens ou dans l'autre, et nous avons dit que l'on ne devait admettre que les contrats basés sur le droit certain, absolu, autrement dit sur les textes dont l'interprétation n'est *ni douteuse ni contradictoire.*

D'un autre côté, il faut considérer que si les rentes, actions et obligations forment en grande partie l'aliment des opérations de gage, il s'en fait
aussi beaucoup sur d'autres valeurs non cotées et
sur des marchandises dont le cours n'a souvent
rien d'authentique.

On ne devra donc faire **aucune de ces stipulations
dans l'acte de gage** *ni en dehors ; au moment de la
signature dudit acte ni postérieurement.*

La légitimité de ce genre de stipulation a été
mise en question devant la commission du Corps
législatif en 1863 et, ainsi que nous l'expliquons
p. 48, nous avons eu le regret de voir qu'aucun
parti n'avait été pris pour les rendre légales ou
les déclarer illégales.

Quand le législateur refuse de fixer précisément
le sens de la loi, les justiciables font acte de prudence en refusant de se livrer à des contrats au
sujet desquels leurs droits sont vagues et indé-
finis.

CONCLUSION

A notre avis, les opérations d'avances sur nantissement commercial pour se faire couramment ne devraient s'appliquer à aucun gage d'autre nature que : **les marchandises et meubles corporels ; les fonds publics, actions et obligations.**

Ceci n'implique pas l'impossibilité de recevoir régulièrement, à titre de gage, d'autres valeurs incorporelles, mais, alors, chaque cas demande un examen approfondi qui, par la dépense de temps qu'il nécessite, et les connaissances juridiques qu'il exige, sort du cadre nécessairement spécialisé des affaires commerciales dont il contrarie le besoin d'activité et de simplicité.

On n'aura pas à s'arrêter à ces considérations

de principe quand, sous l'empire d'une raison particulière ou d'une situation acquise, on aura intérêt à se livrer à cet examen.

Avant de clore ce recueil, il peut être utile de dire ici qu'un gage constitué pour une cause *éteinte*, c'est-à-dire pour garantir une dette que le débiteur aurait payée, *peut être retenu* par le créancier en garantie de toutes sommes qui pourraient lui être dues par ce même débiteur *pour autre cause.*

Pourtant la loi y met *cette double condition* que la seconde dette aura été contractée **après** la *dation en gage*, et sera venue à échéance **avant** *le paiement de la première dette.*

(Voir l'art. 2082 du C. c., § 2.)

La jurisprudence admet qu'il en est de même quand la deuxième dette vient à échéance *en même temps que la première.*

Mais il n'y a là qu'un droit de *rétention et pas de privilége sur le gage vis-à-vis des tiers.*

En d'autres termes, *il n'y a pas gage s'il y a des tiers intervenants.*

Il n'y a gage qu'entre les parties ou, pour parler plus juridiquement, **droit de rétention**.

Avant le Code civil ce droit était très-vivement controversé par les divers auteurs qui faisaient autorité, mais l'art. 2082 du C. c. est venu trancher cette controverse et établir formellement le droit de rétention, qui peut dans quelques circonstances sauvegarder les intérêts du créancier-gagiste. C'est ce qui nous a engagé à en faire l'objet d'une courte énonciation.

Nous bornons ici nos dissertations dans l'espoir que nous avons atteint le but que nous nous sommes proposé.

Nous n'avons pas la prétention d'avoir produit un ouvrage irréprochable au point de vue de la science du droit, mais nous sommes convaincu qu'il peut rendre quelques services, et que ceux qui voudront se faire une règle des principes qu'il expose et des conseils qu'il contient s'épargneront beaucoup de contestations en assurant à leurs affaires une sécurité très-grande, et la sécurité est la condition qui, à notre sens, doit être considérée comme fondamentale et primer toutes les autres dans les entreprises commerciales de quelque nature qu'elles soient.

Au cours de cet ouvrage, qui n'est que l'examen du droit qui nous régit et de son interprétation, nous n'avons voulu faire aucune proposition de réforme en indiquant ce qui pourrait être mis à la place de ce que nous avons.

L'amélioration des lois sur cette importante matière est pourtant aussi désirable que nécessaire; apporter cette amélioration, nous semble, d'autre part, une chose facile à faire.

· La simplification des formalités et même leur suppression presque complète ne serait pas, dans le monde, une innovation, car l'Angleterre et l'Amérique ne comprennent le contrat de gage qu'entièrement exempt de toutes formes à sa naissance, et de toutes les lenteurs de procédure quelconque pour la réalisation de la garantie à défaut de remboursement à l'échéance convenue. C'est ainsi seulement que ces pays en usent dans leurs affaires, autrement nous sommes bien convaincu qu'ils ne s'en serviraient pas. Sur ces terres classiques des voies et moyens commerciaux pratiques et prompts, les intérêts matériels ont atteint une assez grande prospérité pour que l'exemple de ces deux nations soit bon à proposer et à suivre.

Leur compétence ne saurait être mise en doute ; leurs systèmes commerciaux ont porté leur fortune assez haut pour justifier leur autorité et prouver la supériorité de leurs moyens.

Non-seulement des réformes seraient appuyées par cet exemple, mais elles se justifieraient parfaitement par les principes du commerce et du droit.

L'accord peut être établi entre les besoins économiques et les règles imposées par la nécessité de créer une sauvegarde de la moralité dans les affaires, règles qui motivent les lois dites d'ordre public.

Ces garanties peuvent être demandées à une réglementation qui ne soit pas en contradiction avec l'économie. Tout le secret est là.

Dans notre pays il y a certainement un excès

de réglementation dans les contrats dont le commerce souffre plus qu'il ne profite et par lequel il se sent beaucoup plus gêné que protégé.

Cet excès, bien que dicté par une intention louable de protection, n'en est pas moins une entrave sérieuse à l'esprit d'entreprise et au développement de notre richesse.

Tous les commerçants, s'ils étaient consultés, répondraient dans ce sens ; ils affirmeraient qu'ils se sentent majeurs et qu'ils repoussent toute tutelle.

Ce que le commerce désire le plus, c'est d'être affranchi de toutes les formalités et de toutes les procédures.

Nous ne voyons pas pourquoi l'on ne satisferait pas ses légitimes aspirations, si, comme nous le démontrerons, la moralité et l'honnêteté dans les conventions étant garanties et assurées, les entraves apportées sous prétexte d'ordre public n'ont pas leur raison d'être.

Mais l'examen sous cette face du sujet qui nous occupe sort du cadre de ce guide ; nous ne voulons donc pas, incidemment, le pousser plus loin, nous réservant de mettre en lumière dans nos prochains travaux les principales réformes utiles au commerce que nous méditons dans l'ordre économique et législatif.

Là, chacun des divers sujets que nous traiterons sera étudié séparément avec tous les développements qu'il comporte.

Puissent alors les raisons que nous donnerons faire pénétrer nos convictions dans l'esprit de nos lecteurs et assurer leur concours à nos efforts dans le but d'améliorer les moyens d'action qui forment l'outillage de notre commerce national.

TABLE ANALYTIQUE

DES MATIÈRES

PRÉFACE.

INTRODUCTION.

CHAPITRE PREMIER.

Considérations générales.

CHAPITRE II.

Du gage civil.

CHAPITRE III.

Du gage commercial.

CHAPITRE IV.

Motifs de la loi de 1863 sur le gage com-
mercial.

CHAPITRE V.

Extraits du rapport de la commission du Corps législatif.

CHAPITRE VI.

Résumé et commentaires du droit. — Conseils pratiques.

Conclusion.

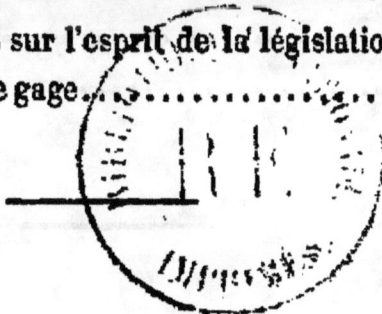

TABLEAU DES TEXTES

RAPPORTÉS DANS LE VOLUME.

TABLE DES MATIÈRES

LIBRAIRIE GUILLAUMIN ET Cⁱᵉ

ENTRAIT DU CATALOGUE :

Journal des Économistes. Revue mensuelle de l'économie politique et de la statistique. Année 1842 à 1877 compris, 133 vol. grand in-8.. 1,230 fr.

Abonnement annuel. Prix....................... 36 fr.

Dictionnaire de l'Économie politique, contenant, par ordre alphabétique, l'exposition des principes de la science, l'opinion des écrivains qui ont le plus contribué à sa fondation et à ses progrès, la bibliographie générale de l'Économie politique par noms d'auteurs et par ordre des matières, avec des notices biographiques et une appréciation raisonnée des principaux ouvrages, sous la direction de MM. *Ch. Coquelin* et *Guillaumin.* 2 beaux volumes grand in-8, de près de 1,000 pages chacun, à deux colonnes, avec huit magnifiques portraits sur acier. Prix, broché................................ 50 fr.

Demi-reliure veau ou chagrin..................... 56 fr.

Dictionnaire universel théorique et pratique du Commerce et de la Navigation, contenant : Marchandises. — Géographie et statistique commerciales. — Métrologie universelle et comparée. — Comptabilité. — Droit commercial terrestre et maritime. — Navigation. — Douanes. — Économie politique, commerciale et industrielle. — Finances, administration commerciale. — Établissements commerciaux et financiers ; — publié sous la direction de M. *Guillaumin.* 2 superbes volumes grand in-8 de 3,380 pages à 2 colonnes, contenant la matière de plus de 40 volumes grand in-8, imprimés avec le plus grand soin sur papier collé et glacé. Prix.......................... 60 fr.

Reliés en demi-veau ou chagrin. Prix............. 69 fr.

Reliés en veau plein, tranche marbrée. Prix...... 80 fr.

Collection des principaux Économistes. 16 beaux vol. gr. in-8, enrichis de commentaires, notes explicatives et notices historiques, contenant les œuvres des *Économistes financiers du XVIIIᵉ siècle* (Vauban, Boisguillebert, Law, Melon, Dutot, etc.) ; de Quesnay et des Physiocrates, de Turgot, de Malthas, de J.-B. Say, de Ricardo, et Mélanges divers (Hume, Forbonnais, Condillac, Condorcet, Lavoisier, Franklin, Necker, Galiani et Morellet, Montyon, Bentham.) (*Collection rare.*)

Économistes et Publicistes contemporains. *Volumes in-8.* — Contenant : Banfield, — Frédéric Bastiat, — Ad. Blanqui, — Bluntschli, — Block, — Boissonade, — Carey, — Michel Chevalier, — Cibrario, — Benjamin Constant, — Dunoyer, — Léon Faucher, — Théodore Fix, — Joseph Garnier, — Grotius, — Hautefeuille, — Klüber, — de Lavergne, — Livingston, — Mac Culloch, — Martens, — Massé, — John-Stuart Mill, — Minghetti, — Hippolyte Passy, — Pradier-Fodéré — Roscher, — Rossi, — Vattel, etc.

Bibliothèque des sciences morales et politiques. *Volumes in-18.* — Contenant, outre les *précédents*, les ouvrages de : Baudrillart, — Beccaria, — Coquelin, — Laferrière, — Lerminier, — Leymarie, — Moreau de Jonnès. — Rapet, — L. Reybaud, — Abbé de Saint-Pierre, — Saint-Simon, — J.-B. Say, Adam Smith, — Stirling, — Sudre, — Vivien, — Arthur Young, etc.

Annuaire de l'Économie politique et de la Statistique, depuis 1844. 1 fort vol. in-18 chaque année.

4546 78 CORBEIL. — Typ. de CRÊTE.

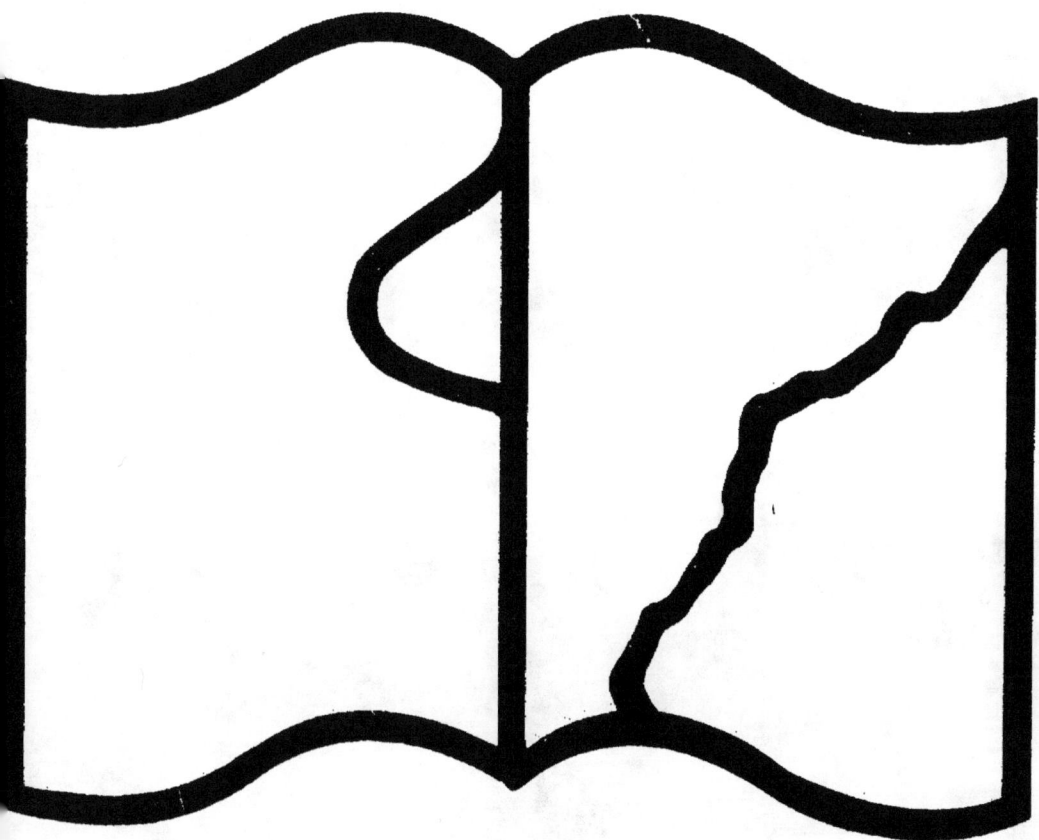

Texte détérioré — reliure défectueuse

NF Z 43-120-11

www.ingramcontent.com/pod-product-compliance
Lightning Source LLC
Chambersburg PA
CBHW052218270326
41931CB00011B/2397